Contraste insuffisant

NF Z 43-120-14

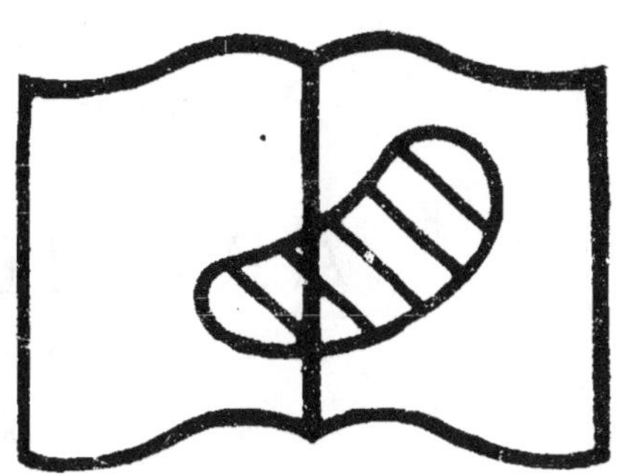

Illisibilité partielle

Valable pour tout ou partie
du document reproduit

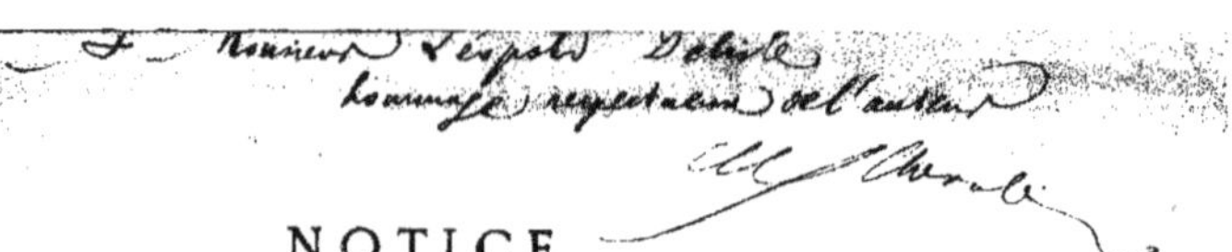

NOTICE

CHRONOLOGICO-HISTORIQUE

sur les

ARCHEVÊQUES

DE VIENNE

D'APRÈS DES DOCUMENTS PALÉOGRAPHIQUES INÉDITS

par

C.-U.-J. CHEVALIER

Chanoine honoraire

Membre de plusieurs Sociétés Savantes.

VIENNE

E.-J. SAVIGNÉ, IMPRIMEUR-ÉDITEUR

1879

(4)

Extrait de la *Revue du Dauphiné et du Vivarais*
Nᵒ de Mai-Juin 1879.

sur

LES ARCHEVÊQUES DE VIENNE

VIENNE *(Vienna Allobrogum)* devint colonie romaine sous Tibère et reçut de Claude un sénat; elle fut successivement la capitale de la province de Viennaise, du 1er royaume de Bourgogne (432) et du 2e (879). L'établissement de son église est contemporain de celui du Christianisme dans l'empire Romain, bien qu'il y ait quelques doutes sur ses premiers évêques. La province ecclésiastique de Vienne comprenait, au IVe siècle, Genève, Grenoble, Viviers, Die, Valence, St-Paul-Trois-Châteaux, Vaison, Orange, Cavaillon, Avignon, Arles et Marseille, cités romaines devenues évêchés. L'érection de la métropole d'Arles, en 391, ne lui laissa pour suffragants que Genève, Grenoble, Viviers, Die et Valence, auxquels furent ajoutés, au Ve siècle, l'évêché de Moûtiers-en-Tarantaise et, au VIe, celui de St-Jean-de-Maurienne; la métropole de Tarantaise fut de nouveau établie au VIIIe siècle, et la province de Vienne se trouva réduite à sept siéges épiscopaux, dont elle se composa jusqu'en 1790. A cette époque l'archevêché fut supprimé; le diocèse fut attribué par parties inégales à ceux de Grenoble, de Mende, de Lyon et de Valence; le titre archiépiscopal a été recueilli par le métropolitain de Lyon. Les auteurs qui ont traité de l'histoire de l'église et des archevêques de Vienne sont, par ordre chronologique: — Anonymes, *Fundatio sanctæ Viennensis ecclesiæ* (VIIIe

siècle), *Hagiologium Viennense seu De sanctis episcopis
ecclesiæ Viennensis* (X⁰-XI° siècles), parmi les *Documents
inédits relatifs au Dauphiné* publiés par l'auteur sous les
auspices de l'Académie Delphin. (t. II, 5° livr.): — saint
HUGUES, évêque de Grenoble, dans ses *Cartulaires* (1ᵉʳ,
n° 26; III°, append. n° 6); — *Chronicon antistitum Viennensium jussu Burnonis* (lis. *Joannis archi-)episcopi anno
MCCXXXIX conscriptum*, parmi nos *Documents inédits
relatifs au Dauphiné* (t. II, 5° liv.);— Ant. DE MOUCHY (De-
mochares), *Catalogus archiepiscoporum et episcoporum qui
in variis Galliæ ecclesiis sederunt* (Paris, 1562, in-fol.); —
Pierre DE VILLARS, archevêque de Vienne, *Catalogus præ-
sulum Viennensium* (à la fin du t. II de ses *Opuscules et
divers Traictez*, Lyon, Roussin, 1598, in-8°); — Joan. A
Bosco, *Antiquæ, sanctæ ac senatoriæ Viennæ Allobrogum
Gallicorum, sacræ et prophanæ plurimæ antiquitates, nec
non primatum ejus et archiepiscoporum elenchus historicus*
(lævum xyston de sa *Floriacensis vetus Bibliotheca bene-
dictina*, etc., Lyon, 1605, in-8°); — Jean CHENU, *Archiepiscoporum et episcoporum Galliæ chronologica historia*
(Paris, 1621, in-4°); — Jean LE LIÈVRE, *Histoire de l'an-
tiquité et saincteté de la cité de Vienne en la Gaule Belgi-
que* (Vienne, 1623 et 1629, in-8°, 1639, in-4°; Lyon, 1625,
in-8°); — Claude ROBERT, *Gallia Christiana, in qua regni
Franciæ ditionumque vicinarum diæceses et in eis præsules
describuntur* (Paris, 1626, in-fol.); — Clément DURAND, *Antiquitates Viennæ sacræ et profanæ* (Biblioth. impér., lat. 5662);
— Louis et Scévole DE SAINTE-MARTHE, *Gallia Christiana
qua series omnium archiepiscoporum, episcoporum et abba-
tum Franciæ vicinarumque ditionum...* (Paris, 1656, in-
fol., t. I, p. 789-816); — Nic. CHORIER, *L'Estat politique de
Dauphiné* (Grenoble, 1671, in-12, t. I, p. 183-357, cf. t. II,
p. 202 ss.); — Guy ALLARD, *Dictionnaire historique,
chronol.*, etc. *de Dauphiné* (édit. Gariel, 1864, t. II, p.
762-5); — Drouet DE MAUPERTUIS, *Histoire de la sainte
église de Vienne* (Lyon, 1708, in-4°); — PP. RICHARD et
GIRAUD, dominicains, *Dictionnaire univ. des sciences ecclé-
siastiques* (Paris, 1762, t. V, p. 545-7, édit. de 1827, t.

XXIX, p. 3o3-6); — C. Charvet, *Histoire de la sainte
église de Vienne* (Lyon, 1761, avec supplément de 1769 [et
1869], in-4°); — Mermet aîné, *Histoire de la ville de
Vienne...* (Paris et Lyon, 1828-33-53, 3 vol. in-8°); —
J.-J.-A. Pilot, *Statistique générale du département de
l'Isère* (Grenoble, 1846, t. III, p. 351-71); — F.-Z.
Collombet, *Histoire de la sainte église de Vienne
depuis les premiers temps du Christianisme jusqu'à la
suppression du siége en 1801* (Lyon, 1847, avec supplém.
de 1848, 3 vol. in-8°); — Jul. Marion, *Noms des archevêques et évêques de France* (listes publiées dans les
Annuaires de la Soc. de l'Hist. de France, 1845-51,
reproduites dans le *Dictionnaire de Statistique religieuse*
de l'abbé Migne, 1851, col. 428-31); — Barth. Hauréau,
continuation du nouveau *Gallia Christiana* des Bénédictins
(Paris, 1866, t. XVI, col. 1-171, instr. c. 1-72). — Des
documents anciens offrent quelques données positives sur la
série des archevêques de Vienne, mais ils sont sujets à cau-
tion. Nous avons réuni les noms de 126 prélats qui auraient
occupé ce siége; sur ce nombre il faut en retrancher 4, dont
la présence ne peut soutenir l'examen; 10 autres ne peuvent
pas être considérés comme élus canoniquement.

Saint CRESCENT, dont parle l'apôtre des gentils (*II Timoth.*, IV,
10), est considéré comme le fondateur de l'église de Vienne, qui célé-
brait sa fête le 27 juin; l'église de Mayence honorait ce disciple du
grand Paul comme son premier évêque (103), à pareil jour; enfin les
Grecs en font mémoire le 3o juillet, comme évêque de Chalcédoine.
Voir les Bollandistes, au 27 juin.

Saint ZACHARIE, ordonné par Crescent, prêcha la bonne nou-
velle aux Viennois et fut martyrisé par le préfet Pompée, sous Trajan
(Bolland., au 27 mai). Ses reliques furent transférées, vers 1250, par
les cardinaux Hugues et Guillaume de l'église des Sts-Apôtres dans
celle de St-Pierre.

Saint MARTIN aurait été disciple des apôtres, suivant Adon, et
martyrisé sous Adrien, d'après les Bollandistes (1er juillet).

Saint VÈRE Ier aurait reçu du pape s. Pie Ier (142-57) une lettre
dont l'authenticité a été depuis longtemps mise en doute (Bolland.,
1er août).

Saint JUSTE fut martyrisé dans la persécution de 177 ou en 178,
avec Séverin, Exupère et Félicien (Bolland., 6 mai); on a publié

une lettre à lui adressée par le pape s. Pie Ier. Pendant un exil qu'il eut à subir, il fut remplacé par AARON et AQUILIN, qu'ADON et les anciens *Nécrologes* ne mentionnent pas, non plus qu'un DIDIER qui lui aurait succédé.

Saint DENYS vécut sous Pertinax (193); on possède une lettre que lui aurait écrite le pape s. Victor Ier (200). Il était honoré le 9 mai (BOLLAND.).

Saint PARACODE fut martyrisé vers l'an 239; le même pontife lui aurait envoyé, au sujet de la célébration de la Pâque, une lettre suspecte aux BOLLANDISTES (au 1er janv.).

Saint FLORENT ou FLORENTIN Ier fut martyrisé sous Volusien, en 253 (BOLLAND., 3 janv.); l'annaliste Matthieu de Westminster loue son savoir et ses vertus.

Saint LUPICIN reçut la couronne du martyre à Saint-Paul-Trois-Châteaux sous l'empereur Aurélien, le 14 décembre; on a mis au jour une lettre que lui aurait adressée le pape s. Corneille (250-2); c'est lui qui jeta les fondements de l'église dédiée à Vienne aux saints Apôtres.

Saint SIMPLIDE acheva cette œuvre et fut lui-même martyrisé par les Allemands, en 282 (BOLLAND., 11 février). Quelques auteurs lui donnent pour successeur CLAUDE, dont d'autres ne font qu'un même personnage avec le suivant.

Saint VÈRE II assista certainement, avec son exorciste Bedas, au concile tenu à Arles en 314 (LABBE, *Concilia*, I, 1429). C'est à son temps qu'il faut rapporter le martyre de saint JULIEN (de Brioude) et de saint FERRÉOL, tous deux natifs de Vienne.

Saint PASCHASE vécut, d'après Adon, sous le pape s. Melchiade; il transféra les corps des martyrs ss. Séverin, Exupère et Félicien dans l'église dédiée à saint Romain. La bulle par laquelle le pape s. Sylvestre lui concède la suprématie sur sept provinces (322) est d'une authenticité douteuse (BOLLAND., 22 févr.).

Saint CLAUDE ordonna diacre Just, futur évêque de Lyon (BOLLAND., 1er juin.).

Saint NECTAIRE assista, vers 350, au concile de Vaison touchant l'unité de nature de la Sainte Trinité; il souscrivit, en 356, à une lettre contre Saturnin, évêque d'Arles, accusé d'Arianisme. Voir les BOLLAND., au 1er août.

Saint NIZIER ou NICÉTAS vécut sous Gratien et fit construire une église en l'honneur de saint Martin, l'un de ses prédécesseurs (BOLLAND., au 5 mai).

Saint FLORENT II consacra, en 365, de concert avec les évêques d'Avignon et de Vaison, Artémius évêque d'Arles; il souscrivit le premier au concile tenu à Valence le 4 juillet 374 (LABBE, *Concil.*, II, 904).

Saint SIMPLICE reçut, le 29 septembre 417, une lettre du pape
s. Zosime qui lui enjoignait de reconnaître la suprématie de l'évêque
d'Arles (BARONIUS, *Ann.*, V. 413); la rétractation attribuée au pape le
1er octobre suiv. est considérée comme apocryphe par les BOLLAND.
(au 3 févr.). Paulin (de Nôle ?) fait grand éloge de lui. — Quelques
auteurs le font suivre d'un SALONIUS, que rien ne prouve avoir été
évêque de Vienne.

Saint MAMERT fut une des plus brillantes lumières de l'église des
Gaules au Ve siècle. Il est mentionné dans des lettres du pape saint
Hilaire du 10 oct. 463 et du 24 févr. 464; il institua, vers 470, la
solennité des Rogations (MABILLON, *Liturg. Gall.*, l. II et III), qu'il
aurait confirmée dans un synode tenu à Vienne en 474; il assista probablement au concile d'Arles de 475 et mourut peu de temps après
(BOLLAND., 11 mai). Saint Grégoire de Tours visita l'église qu'il fit
bâtir en l'honneur de saint Ferréol; on lui attribue la 24e *Homélie*
d'Eusèbe d'Émèse. — Son frère CLAUDIEN fut célèbre comme philo-
sophe et littérateur. Son épiscopat fut encore illustré par saint
LÉONIEN (MABILLON, *Acta SS. Bened.*, I, 577).

Saint ISICE ou HÉSYCHIUS Ier, sénateur de Vienne, gouverna cette
église jusque vers 490 (BOLLAND., 16 mars); il fut le père de saint
Avit, qui suit, et de saint Apollinaire, évêque de Valence. De son
temps vint à Vienne un prêtre Indien, SÉVÈRE, qui construisit une chapelle à saint Etienne (BOLL..ND., 8 août).

Saint ALCIME ECDICE AVIT fut un des plus grands hommes de son
époque. Évêque de Vienne dès 494, il félicita de sa conversion, en
496, le roi Clovis; il prit part, vers 499, à la conférence tenue à Lyon,
en présence du roi Gondebaud, contre les Ariens; il reçut plusieurs
lettres des papes Symmaque et Hormisdas, et réprimanda, vers 503,
au nom des évêques des Gaules, ceux d'Italie d'avoir osé se porter
juges du premier, accusé auprès du roi Théodoric. Avit présida, avec
Viventiole de Lyon, au concile d'Épaone (Albon?) le 6 septembre
517 (LABBE, *Concil.*, IV, 1582) et consacra un grand nombre d'églises.
Il nous reste de lui des écrits remarquables, qui font regretter la perte
des autres; ils se composent de poésies sacrées, de lettres, d'homélies
et de traités théologiques. L'auteur de la présente *Notice* en prépare
une édition complète d'après tous les mss. existant en Europe.

Saint JULIEN assista, le 23 juin 533, au 2e concile d'Orléans; il
était honoré le 22 avril (BOLLAND., ad h. d.).

Saint DOMNIN fut aussi remarquable par sa science que par sa
sainteté, au témoignage d'Adon; sa fête était célébrée le 3 novembre.
Flavius Lacanius fit élever une église sur son tombeau.

Saint PANTAGATHE avait été questeur avant de devenir évêque
de Vienne en 536; il assista, en 538, au 3e concile d'Orléans et mou-

rut en 541, âgé de 65 ans. Son tombeau se trouvait dans l'église de Saint-Georges (Bolland., 17 avril).

Saint ISICE ou Hésychius II figure, en 549, au 5ᵉ concile d'Orléans et à celui de Clermont, puis en 553 au 2ᵉ de Paris ; il consacra , vers 562, Felinasius comme évêque de Maurienne et mourut en 565, le 12 novembre.

Saint NAAMAT fut célèbre par ses libéralités ; il mourut en 567, le 17 novembre , âgé de 73 ans. Enseveli dans l'église des Sts-Apôtres, son corps fut ensuite transféré dans celle de Notre-Dame au-delà de la Gère. — De son temps brillèrent les vertus de saint Theudère, fondadateur de l'abbaye de Saint-Chef.

Saint PHILIPPE présida, en 567 , au 2ᵉ concile de Lyon et, en septembre 573 , au IVᵉ de Paris ; on croit qu'il mourut en 580 (Bolland., 3 mai).

Saint ÉVANCE assista, le 1ᵉʳ novembre 581, au 1ᵉʳ concile de Mâcon, en mai 583 au 3ᵉ de Lyon , le 23 mai 584 au 3ᵉ de Valence (Labbe, Concil., V, 976) et en 585 au 2ᵉ de Mâcon; il mourut en 586 (Bolland., 3 fév.).

Saint VÈRE III, de famille sénatoriale, fut nommé par le roi Gontran et mourut en 596 (Bolland., 13 janv.).

Saint DIDIER d'Autun, diacre du précédent, reçut plusieurs lettres du pape s. Grégoire-le-Grand (596-602); il s'attira ensuite la haine de la reine Brunehaut, dont il blâmait les désordres : elle le fit déposer, par un conciliabule tenu à Châlon en 603 et l'exila dans l'île de Leuvis en Écosse ; ayant permis son retour quatre ans après , dans la crainte de perdre la faveur de Théodoric, elle le fit massacrer par trois comtes, en 608. Un auteur contemporain a écrit sa vie (Bolland., 23 mai).

Saint DOMNOLE avait remplacé Didier dès 603 ; on le trouve, vers 614, auprès du roi Clotaire, défendant l'abbesse de Saint-Césaire d'Arles ; il mourut vers 617 (Bolland., 16 juin).

Saint ÉTHÈRE transféra de Feyzin à Vienne les reliques de saint Didier et fut inhumé dans l'église de St-Georges (Bolland., 14 juin).

Saint CLARENT était érudit, d'après Adon ; il désigna saint Clair pour abbé du monastère de Saint-Marcel à Vienne (Bolland., 25 avril).

Saint SYNDULPHE assista, en 625 ou 630, au 1ᵉʳ concile de Reims et souscrivit , le 1ᵉʳ mars 636 , au diplôme de l'évêque de Meaux en faveur du monastère de Rebaix ; on l'honorait le 10 décembre.

Saint LANDALÈNE ou Dodolène souscrivit , en 642, au privilége du pape Jean IV en faveur du monastère de St-Faron-lès-Meaux et assista, en 644, à un concile de Châlon (Bolland., 1ᵉʳ avril).

Saint ÉDICTE aurait reçu du pape Agathon une lettre dont l'authenticité est douteuse ; on l'honorait le 23 octob. (Bolland., ad h. d.)

Saint CALDÉOLDE souscrivit, en 653, au diplôme accordé par le roi Clovis II aux moines de Saint-Denys et, en 662, à celui de Berte-frid, évêque d'Amiens, en faveur du monastère de Corbie ; le pape s. Léon IV lui aurait adressé une lettre relative à la liturgie (BOLLAND., 14 janv.). De son temps florissaient à Vienne un grand nombre de monastères.

Saint BOBOLIN Ier, auparavant abbé de Bobbio en Italie, était honoré le 14 juin (BOLLAND.).

Saint GEORGES, que l'on croit avoir été évêque d'Agde, mourut, d'après une chronique, le 2 novembre 699.

Saint BLIDRAMNE figure, en 677, dans un diplôme de Thierry III; on trouve sa signature au bas des actes du concile qui déposa, en septembre 678, saint Léger, évêque d'Autun ; peut-être s'agit-il de lui dans une charte d'Aglibert, évêque du Mans, en 684. Adon place sa mort en 691, le 22 janvier.

Saint AGRAT occupa ce siége vers 691 (BOLLAND., 14 octobre). — S. CASTURUS, qu'on lui adjoint, n'est mentionné par aucun historien.

Saint DÉODAT, d'une rare abstinence, d'après Adon, était honoré le 15 octobre (BOLLAND., ad h. d.)

Saint ÉOALDE, parent des rois de France, dédia la basilique de Vienne aux martyrs de la Légion Thébaine ; il est mentionné, en 696, dans le testament de l'abbé Éphibius en faveur de son église et, l'année suivante, dans la confirmation de Childebert III ; il mourut vers 716 (BOLLAND., 7 juillet).

Saint BOBOLIN II serait mort en 718 (BOLLAND., 26 mai).

Saint AUSTREBERT reçut du pape saint Grégoire II une lettre datée du 31 août 719, par laquelle il lui recommande s. Boniface, et une autre de s. Zacharie du 7 mars 742 ; il mourut vers cette année, fuyant les ravages des Sarrasins (BOLLAND., 5 juin).

Saint WILICAIRE, après l'invasion de son diocèse par les Francs, quitta vers 752 le siége de Vienne et se rendit auprès du pape Étienne III, puis se retira au monastère d'Agaune où il mourut, après avoir pris part à l'assemblée d'Attigny tenue en 765 ; on faisait mémoire de lui le 13 juin. — Adon lui donne pour successeur, vers 758, BERTÉRIC Ier (voir plus loin).

PROCULE, au milieu des désastres de son église, reçut une lettre de consolation du pape Étienne, en date du 24 juin (752-6).

BERTÉRIC fut nommé évêque par le roi Pépin, en 768 ; le pape Adrien Ier lui annonça, le 1er janvier 781, la restauration par Charlemagne des droits des églises métropolitaines ; il mourut le 8 juin, vers 790.

Saint OURS ou URSION donna, de concert avec son frère Aldon, divers fonds à Saint-Maurice de Vienne ; le concile de Francfort, en 794, confirma la juridiction de l'archevêque de Vienne sur cinq diocèses, contre les prétentions de celui d'Arles ; accablé de vieillesse, il déposa la charge épiscopale et mourut sous l'empire de Charlemagne, le 20 février.

Saint WOLFÈRE *(Vultreia)*, bavarois, lui succéda vers 797 ; par une lettre, écrite vers 801, le pape s. Léon 3 soumit à son autorité l'évêque de Tarantaise ; en 805, de concert avec Charlemagne, il restaura la basilique de Saint-Maurice et y rétablit la discipline et l'ordre du service divin ; il mourut le 15 mai 810.

Saint BARNARD, abbé d'Ambronay, lui succéda la même année ; il obtint de Louis-le-Débonnaire divers priviléges en faveur de son église, en 814, 815 et 831. Le pape Pascal Ier lui envoya le pallium le 5 décembre 817, et Eugène II lui répondit sur une question de droit le 8 juillet 824. Après avoir assisté au concile de Lyon de 829, il dut fuir en Italie pour avoir pris le parti des fils de Louis-le-Débonnaire contre leur père, sur le point d'être déposé au concile de Tramoye (836) ; il put rentrer dans son diocèse en 837 et assista, l'année suivante, à l'assemblée de Quierzy. Sur la fin de ses jours il fonda l'abbaye de Romans, qui prit plus tard son nom, et mourut le 22 janvier 842, âgé de 64 ans.

AGILMAR, abbé de Saint-Claude *(S. Eugendi)* et archichancelier de l'empereur Lothaire, occupait le siége de Vienne dès le 30 décembre suivant. On le trouve en septembre 843 à Germiny, le 22 octobre à Aix-la-Chapelle, le 3 avril 844 à Vienne, le 11 novembre 848 à Thionville, en avril 849 à Vienne, le 6 janvier 855 au 3e concile de Valence, vers 858 à l'assemblée de Salmorenc, en mai 859 au concile de Langres et en juin à celui de Savonières près Toul. Il mourut le 6 juillet suivant.

Saint ADON, aussi célèbre par ses écrits que par les éloges de ses contemporains, siégea comme archevêque de Vienne, le 22 octobre 860, au concile de Toucy ; le pape s. Nicolas Ier lui envoya, l'année suivante, le pallium et lui écrivit successivement plusieurs lettres sur des affaires importantes. En 866, le roi Lothaire le députa auprès du pape, qui lui confirma, le 13 juin 867, les priviléges de son église. Il présida, en avril 870, un concile à Vienne et souscrivit à ceux qui se tinrent à Châlon en 873 et 875. Il mourut, estimé des papes et des princes de son temps, le 16 décembre 875. Il s'était adjoint un chorévêque du nom de Constance. Son *Martyrologe* et sa *Chronique* ont été plusieurs fois imprimés.

OTTRAMNE assista en juin 876 au concile de Ponthion, le 11 août 878 à celui de Troyes présidé par le pape Jean VIII, qui lui adressa diverses lettres, et le 15 octobre 879 à l'assemblée de Mantaille, qui donna la couronne à Boson; il paraît encore en décembre 883 et mourut le 16 septembre 885.

BARNOIN assista, le 18 mai 886, à une assemblée tenue à Châlon et fut député au pape, après la mort de Boson, par la reine Ermengarde, il eut la principale part au synode de Valence, où leur fils Louis fut couronné, en août 890 (PERTZ, *Monum. Germ.*, Leg. I, 558); il retourna l'année suivante à Rome et tint à Vienne, en 892, sur l'ordre du pape Formose, un nombreux concile. Il prit encore part à beaucoup d'autres actes et mourut, vicaire du pape dans les Gaules, le 16 janvier 899.

RAINFROI ou RAGENFRED fut consacré à Vienne, le 28 janvier 899, par l'archevêque d'Embrun ; en 900, il accompagna en Italie le roi Louis, dont il était l'archichancelier et qui lui délivra plusieurs diplômes en 902, 904 et 905 ; il mourut le 30 avril 907. — ROSTAING, qui durant son administration prend le titre d'archevêque, ne fut probablement que son coadjuteur et chorévêque.

ALEXANDRE Ier paraît comme archevêque et archichancelier de Louis-l'Aveugle en 907, qu'il réunit un synode diocésain ; le pape Sergius III lui confirma, en mai 908, les priviléges de l'église de Vienne ; il fit beaucoup de libéralités aux établissements religieux et mourut le 16 décembre 932. — Il aurait eu, dès 927, pour coadjuteur

SOBON, qu'on trouve avec le titre de pontife de Vienne dans un diplôme de Louis-l'Aveugle du 26 décembre de cette année ; les rois Hugues et Lothaire le gratifièrent d'une donation le 25 janvier 945 ; il eut quelques démêlés avec les moines de Saint-Barnard de Romans et mourut le 26 ou le 27 février 949 ou 950.

Saint THIBAUD Ier, que l'on fait succéder à Sobon en 952, ne paraît qu'en 970 ; le roi Conrad-le-Pacifique lui confirma, en 972, les priviléges accordés à ses prédécesseurs ; il assista au 1er concile d'Anse en 990 et au 2e vers 994, année à laquelle se rapporte la trêve solennelle qu'il promulgua de concert avec d'autres prélats ; il mourut vers l'an 1000 (BOLLAND., 21 mai).

Le bienh. BURCHARD figure d'abord dans un diplôme du roi Rodolphe en sa faveur, du 18 juillet 1011, puis dans diverses donations qu'il lui fit en 1013, 1014 et 1017, enfin dans l'investiture qu'il lui donna du comté de Vienne le 14 septembre 1023; il assista, en 1025, au 3e concile d'Anse, et l'année suivante à une assemblée tenue à Lyon par Conrad-le-Salique; il reçut une dernière concession de Rodolphe le 27 décembre 1028 et mourut le 19 août 1030. On s'occupa de sa béatification en 1616.

LÉGER, abbé de Saint-Barnard en 1025, fut élu archevêque en 1030 et figure comme tel dans une foule d'actes des *Cartulaires* de Romans et de Vienne; il tint, le 3 novembre 1036, un important synode à Vienne et un autre à Romans, le 10 octobre 1037; on le trouve à Spire en 1038, à Marseille en 1040, à Saint-Gilles en 1042, puis en Italie en 1049, où il assista au concile tenu à Latran le 2 mai 1050 par s. Léon IX; on le retrouve à Ravenne auprès du pape en 1053, à Maguelonne en 1055, à un synode tenu à Vienne la même année, à un concile de Châlon en 1056, à Domène en 1058, une troisième fois en Italie vers 1065; il mourut le 12 juin 1070, laissant une grande et pure renommée.

ARMAND, abbé de Saint-Barnard dès le 6 octobre 1069, assista comme archevêque, en 1072, au concile de Châlon, où se trouva le pape Alexandre II; il participa la même année à la consécration d'Hugues, abbé de Saint-Rigaud, et paraît dans divers actes jusqu'au 9 mars 1075; le concile tenu à Rome, en février 1076, par s. Grégoire VII l'excommunia et le dépouilla de sa charge.

WARMOND, abbé de Déols, le remplaça et reçut du même pape une bulle, du 6 mars 1077, confirmant la primauté de son siége; on le trouve la même année à Dijon, puis exerçant son office de légat dans le diocèse de Reims, à Cluny, ensuite le 6 février 1078 au concile de Mâcon, le 13 octobre à Romans, enfin en 1080 dans la Normandie et le 8 janvier 1081 au concile de Saintes; il mourut à la fin de cette année.

GONTARD, évêque de Valence, administrait le diocèse de Vienne le 19 janvier 1082; il prend même le titre d'archevêque dans deux actes de 1084.

GUY Ier *de Bourgogne* fut élu par le clergé de Vienne le 12 mars 1088, puis se rendit à Rome, où il fut consacré par Urbain II : on le trouve à Vienne le 30 mai 1090; il eut avec s. Hugues, évêque de Grenoble, au sujet du comté de Salmorenc, d'assez long démêlés, qui furent terminés par le pape Pascal II (2 août 1107); il figure successivement aux conciles de Plaisance en 1095, de Clermont le 16 novembre, de Nîmes le 12 juillet 1096; il se rendit en Angleterre, comme légat, en 1100 et reçut à Vienne, à la fin de 1106, le pape Pascal II qui consacra son église cathédrale. Guy tint dans sa métropole, le 16 septembre 1112, un imposant concile contre l'empereur Henri V, il présida encore à diverses assemblées jusqu'au jour où il fut élu pape, à Cluny, sous le nom de Calixte II (2 février 1119).

PIERRE Ier, doyen du chapitre, ne lui succéda qu'en 1121; il réunit comme légat, en 1124, un nombreux concile à Vienne et se trouva à une asssemblée tenue à Montpellier le 9 mai 1125; la même année, il confirma le prieuré de Saint-Martin de Vienne à l'ordre de Saint-Ruf.

ÉTIENNE Ier, des comtes de Charolais, paraît comme archevêque en 1129; on le trouve à des assemblées tenues à Clermont en 1130 et à Romans en 1134; il fit déposer Eustache, évêque de Valence, en 1144, puis, accusé lui-même de diverses fautes à un concile de Belley, il prévint le jugement du délégué du pape en déposant les insignes épiscopaux, en 1145 ; il revint à l'ordre de Saint-Ruf, dont il avait été chanoine, et fut employé dans des conjonctures honorables.

HUMBERT Ier *d'Albon*, qu'Aimar du Rivail fait fils de Guigues-le-Gras et dit avoir été évêque du Puy, reçut de l'empereur Conrad III une solennelle confirmation des priviléges de son église, le 6 janvier 1146 ; il mourut le 20 novembre 1147 et fut enseveli à Saint-Pierre.

HUGUES, chartreux, était évêque de Grenoble quand le pape Eugène III le transféra à Vienne, en 1148 ; chargé d'une mission par ce pape en 1149, il dut se faire justifier auprès de lui par Pierre-le-Vénérable ; Frédéric Barberousse lui confirma les priviléges de son église, le 7 juin 1153 ; il se retira peu après à la chartreuse de Portes, où il mourut le 6 mai 1155.

ETIENNE II siégeait le 11 février 1155 ; archichancelier de l'empereur Frédéric, il lui rendit hommage à Besançon et reçut un diplôme confirmatif des précédents, le 27 octobre 1157 ; le pape Adrien IV confirma lui-même la patente impériale, le 15 mars suivant. Étienne prit parti pour Victor III en souscrivant les actes du concile de Pavie; il accompagna l'empereur en 1161 et mourut le 26 février 1163.

GUILLAUME Ier *de Clermont*, doyen du chapitre, fut élu la même année par le clergé de Vienne, mais ne paraît pas avoir été consacré ; on le trouve, le 17 juillet 1166, à Besançon auprès de Frédéric, qui lui confirma ses droits sur la ville de Vienne. On possède de lui une lettre aux moines de Tournus.

ROBERT *de la Tour*, moine de la Chaise-Dieu, paraît comme archevêque en 1173 ; archichancelier de l'empereur, il reçut Frédéric Ier à Vienne en 1178 ; légat du pape, il assista au concile de Latran le 19 mars 1179 ; il suivit Frédéric en Italie en 1184 et le couronna à Milan le 27 janvier 1186 ; nous le retrouvons dans plusieurs actes de l'église de Die (1187-94); il abdiqua, croit-on, sur la fin de sa vie et mourut le 17 ou le 25 juin 1195.

AYNARD *de Moirans* paraît dès cette année : Frédéric Ier lui confirma à Turin, le 27 juillet 1196, les priviléges de son église ; après avoir figuré dans divers accords, il assista au concile de Dijon et probablement à celui de Vienne, tenus en 1199 au sujet de Philippe-Auguste; il mourut vers 1205.

HUMBERT II, de la Grande-Chartreuse, était archevêque en février 1206 ; il apaisa plusieurs différends, prit part au concile d'Avignon de 1209, fut honoré de deux diplômes de Frédéric II, le 23 novembre 1214, et mourut le 19 novembre 1215. — On offrit au chartreux GEOFFROY le siége de Vienne, mais il préféra sa solitude.

BOURNON, distinct du doyen B. *de Voiron*, reçut d'Eudes duc de Bourgogne, en juin 1216, la confirmation d'un droit de péage; il paraît encore le 26 juin 1217 et mourut, après avoir abdiqué, au prieuré de

N.-D. de l'Isle, de l'ordre de Saint-Ruf, le 1er février 1219, selon son épitaphe (rectifiée), ou, suivant une chronique, en 1231 à la chartreuse du Val-Sainte-Marie.

JEAN I*er* *de Bernin* siégeait dès 1218; prélat éminent, légat du Saint-Siége, revêtu du pallium et, dit-on, de la pourpre, il prit part à beaucoup d'affaires de son temps; il fut chargé par Honorius III, en 1221, de s'enquérir des mérites de Hugues, abbé de Bonnevaux, et obtint de Grégoire IX, en 1231, la canonisation d'Étienne de Die; il réunit à Béziers, le 2 avril 1234, un concile relatif à l'hérésie des Albigeois; en avril 1238, il était à Turin, où Frédéric II confirma de nouveau les droits de son église; il reçut à Vienne, en 1251, le pape Innocent IV qui consacra, le 21 avril, sa cathédrale; il se rendit à Rome, en 1265, à l'appel de Clément IV et y mourut, le 17 avril 1266. Sa longue épitaphe énumère les témoignages de sa munificence.

GUY II *d'Auvergne* ou *de Clermont* fut élu la même année, mais ne fut confirmé par le Saint-Siége qu'à la fin de 1267; il figure dans divers actes et se trouve parmi les signataires du concile œcuménique de Lyon, en 1274; sa mort eut lieu en février 1278. — Le chapitre de Vienne élut pour son successeur, le 11 mai suivant, RAYMOND *de François*, qui ne fut pas agréé par le pape Nicolas III; l'évêque de Valence administra le diocèse de Vienne pendant la vacance.

GUILLAUME II *de Livron* (plutôt que *de Valence*), élu par les chanoines de Romans, fut confirmé en 1283 par Martin IV, qui lui accorda le pallium; il fit divers accords avec les dauphins de Viennois et les comtes de Savoie; sous lui les menses archiépiscopale et capitulaire furent divisées, en 1285; il réunit un concile provincial à Vienne, le 18 octobre 1289, et maintint la neutralité de son église au milieu des discordes des rois de France et d'Angleterre; il mourut vers 1305.

BRIAND *de Lavieu* (et non *Lagnieu*), chanoine de Lyon, paraît dès le 18 juillet 1306; il participa, en 1311, au célèbre concile général tenu dans sa ville archiépiscopale par Clément V; après avoir terminé une querelle avec les Lyonnais, il mourut à la fin de 1317. — L'évêque de Valence et Die prit en main l'administration.

SIMON *d'Archiac*, doyen de Saintes, fut institué par Jean XXII le 3 septembre 1319, créé cardinal de Sainte-Prisque le 19 décembre 1320 et administrateur de son diocèse le 21; il se démit peu après et fit son testament le 5 mai 1323.

GUILLAUME III *de Laudun*, dominicain, lui fut donné pour successeur par le même pape, le 27 février 1321; il fit rétablir à Vienne le pont sur le Rhône; après avoir rempli de fréquentes légations et s'être prononcé à Paris, le 14 février 1324, en faveur de la doctrine de s. Thomas d'Aquin, il fut transféré à la métropole de Toulouse, le 18 décembre 1327.

BERTRAND *de la Chapelle*, prieur de l'ordre de Cluny, lui succéda le lendemain, mais ne fit son entrée à Vienne que le 12 juin 1328; il eut à lutter d'abord contre les Lyonnais, puis contre le seigneur de Saint-Vallier, qui l'incarcéra à Clérieux, le roi de France, qui s'empara de Sainte-Colombe, le dauphin Humbert, qui le chassa de Vienne; vainqueur par l'influence des papes, il mourut vers 1352.

PIERRE II *Bertrandi*, abbé de Saint-Serge d'Angers, fut institué par Clément VI, le 11 octobre 1352; l'empereur Charles IV lui confirma, en 1355, les priviléges et les droits de son église; Innocent VI le priva, en 1360, de l'administration de son église, dont il confia le soin à François, cardinal de Saint-Marc, puis à Louis de Villars, élu de Valence; Pierre résigna sa dignité entre les mains de l'évêque d'Ostie.

PIERRE III, abbé de Saint-Bénigne de Dijon, lui fut subrogé par le pape, le 27 avril 1362. — Louis de Villars paraît encore comme administrateur en 1369.

HUMBERT III *de Montchal*, choisi par le clergé, fut préféré par le pape à Pierre *de Thurey*, recommandé par le duc de Bourges; il dut céder sa juridiction temporelle au roi de France et mourut le 13 août 1395.

THIBAUD II *de Rougemont*, évêque de Mâcon, transféré par Benoît XIII la même année, prit possession du siége de Vienne le 8 décembre 1395; il baptisa à Paris, en 1397, Louis fils de Charles VII; il eut à lutter contre le gouverneur et divers seigneurs de Dauphiné jusqu'en 1404, qu'il passa à l'archevêché de Besançon.

JEAN II *de Nant*, archidiacre de Rouen, entra à Vienne le 5 juillet 1405 et mit fin aux dissensions; il participa aux conciles de Marseille en 1407, de Pise en 1408 et de Constance en 1414; il échangea son siége contre celui de Paris, le 25 juin 1423.

JEAN III *de Norry* fut intronisé le 10 octobre suivant; il eut à comprimer à Vienne quelques séditions, dont il fut question au concile de Bâle (1431): transféré à l'archevêché de Besançon, il mourut en chemin le 15 octobre 1438. — On mentionne après lui GUILLAUME *de Laudun* ou *de Livron*.

GEOFFROY *Vassalli*, nommé au commencement de 1439, ne prit possession que le 20 octobre 1440; après avoir essuyé des déboires de la part des officiers du dauphin Louis (XI), il passa à l'archevêché de Lyon le 20 avril 1444 et mourut à Tours le 16 octobre 1446. — JEAN *Gérard*, archevêque d'Embrun, fut désigné pour lui succéder, puis JEAN *de Castre*, nommé par le pape.

JEAN IV *de Poitiers*, évêque de Valence et Die, fut transféré à Vienne par le dauphin Louis (XI) et fit son entrée le 15 août 1448; il fut dépouillé d'une partie de ses priviléges et mourut vers 1452. — JEAN *de Castre* fut de nouveau désigné pour lui succéder.

ANTOINE Ier *de Poisieu*, nommé le 22 janvier 1453, fut ambassadeur de Louis XI en Italie ; en 1473 il céda son siége à son neveu (qui suit), pour se retirer à l'abbaye de Saint-Pierre de Vienne, et mourut en octobre 1495.

GUY III *de Poisieu* lui succéda le 28 avril 1473 et fit son entrée à Vienne le 15 août ; il remplit plusieurs ambassades pour Louis XI et mourut le 27 octobre 1480. Il publia des Statuts provinciaux, qui sont le plus ancien spécimen de l'imprimerie Viennoise.

ASTORGE *Aimery* fut transféré de l'évêché de Saint-Paul-Trois-Châteaux le 11 décembre suivant et fit hommage au roi le 4 février 1481 ; il fut son ambassadeur en Angleterre et mourut en juilllet 1482.

ANGELO Cato *de Supino*, médecin de Louis XI, confirmé par le pape, fit son entrée à Vienne le 4 octobre 1482 ; interdit au spirituel et au temporel par Innocent VIII, le 28 mai 1490, il déféra la bulle au parlement ; il accompagna Charles VIII en Italie et mourut à Bénévent en 1495. Philippe de Comines rédigea ses *Mémoires* à sa demande et les lui dédia.

ANTOINE II *de Clermont*, élu par le chapitre de Vienne le 21 mars 1496, exerça les fonctions épiscopales jusqu'au 5 mai 1506, qu'il dut céder par arrêt du parlement au suivant ; il mourut à Lyon en 1509.

FRÉDÉRIC *de Saint-Séverin*, évêque de Maillezais et cardinal de Saint-Théodore, nommé au siége de Vienne par Alexandre VI à la mort d'Angelo, prit possession par procureur le 15 avril 1497, mais fut longtemps sans exercer sa charge ; il participa au conciliabule de Pise en 1511 et fut pour ce fait excommunié par Jules II ; il reçut son pardon de Léon X et céda son archevêché, en 1515, à son neveu

ALEXANDRE II *de Saint-Séverin*, qui prit possession par procureur le 22 décembre ; il assista au concile de Latran de 1512 et mourut à Casal en 1527.

PIERRE IV *Palmier*, doyen du chapitre, fit son entrée le 28 octobre 1528 ; il s'appliqua avec beaucoup de zèle au rétablissement de la discipline et à l'extinction de l'hérésie naissante ; il tint un synode en 1530 et opéra diverses réformes dans son chapitre en 1553 ; il se retira ensuite à son abbaye de Rebais et y mourut sur la fin de 1554. On lui doit l'impression des livres liturgiques en usage dans son église.

CHARLES Ier *de Marillac*, évêque de Vannes, fut nommé le 24 mars 1557 par Henri II, dont il fut l'ambassadeur à Rome et le conseiller à Paris ; il mourut à son abbaye de Saint-Père-de-Melun, le 2 décembre 1560, âgé de 51 ans.

JEAN V *de la Brosse*, abbé de Fontenay près Montbard, lui succéda en janvier 1561 et fit son entrée à Vienne, le 31 juillet ; il tint le 5 novembre un synode diocésain pour la stricte observation de la discipline, porta un édit sur le même sujet en avril 1562, et se démit en 1567 en faveur de

VESPASIEN *Gribaldi*, abbé de Saint-Menge et d'Ainay , qui entra à Vienne le 17 juillet 1569 ; il s'efforça de réparer la cathédrale de Saint-Maurice , puis , affligé des excès des Calvinistes , se démit en 1575. Il consacra, en 1602 , François de Sales , évêque de Nicopolis.

PIERRE V *de Villars* , évêque de Mirepoix, fit son entrée à Vienne le 30 juin 1576 ; il prit part cette année aux états de Blois et en 1585 à l'assemblée du clergé de France à Paris, dont il fut le président et qu'il s'efforça d'amener à la promulgation des décrets du concile de Trente ; il se démit en 1587 , âgé de 70 ans , et mourut le 14 novembre 1592. — PIERRE *de Donaud* , désigné pour lui succéder , échangea contre l'évêché de Mirepoix avec

PIERRE VI *de Villars*, neveu de Pierre V ; il alla en Italie en 1590 et fut institué à Rome par Grégoire XIV le 26 avril 1591 ; il ne quitta la ville éternelle que le 15 mai 1592 et prit possession de son siége le 29 août. Deux volumes d'Opuscules et Traités divers témoignent de la culture de son esprit et de son zèle pour la sanctification de son peuple ; il mourut le 18 août 1613, âgé de 68 ans , s'étant démis dès 1598 en faveur de son frère

JÉROME *de Villars*, qui fut plusieurs fois député à l'assemblée du clergé de France et s'employa dans quelques affaires de l'état ; favorable comme son frère aux ordres religieux , il mourut le 18 janvier 1626 , après avoir pris pour son coadjuteur , dès 1612 , son parent

PIERRE VII *de Villars*, archidiacre d'Agen, nommé le 29 juin 1615 évêque d'Éphèse *in partibus*, qui lui succéda le 18 février 1626 ; il réforma la fête des Innocents le 20 décembre 1642, favorisa l'établissement de plusieurs ordres religieux dans son diocèse et mourut le 25 mai 1662. Dès 1655 il avait pris pour coadjuteur son neveu

HENRI Ier *de Villars*, évêque de Philippopolis *in partibus*, qui prit possession le 27 juin ; il lutta contre la simonie des bénéficiers, fonda un séminaire à Vienne le 4 mars 1676, mais eut le tort d'introduire des changements dans l'ancienne liturgie ; il mourut le 27 décembre 1693.

ARMAND *de Montmorin de Saint-Hérem* , évêque de Die, nommé le 10 avril suivant, fit son entrée à Vienne le 30 novembre ; dans une assemblée des évêques de sa province, en mai 1699, il adhéra à la constitution d'Innocent XII condamnant les *Maximes des Saints* de Fénelon ; en mai 1702 , il publia dans un synode les ordonnances de son diocèse et fut chargé, la même année, par le pape, de procéder à une enquête sur la vie de Jean-François Régis. Il mourut à Vienne le 6 octobre 1713, âgé de 70 ans.

FRANÇOIS *de Berton de Crillon*, abbé de plusieurs monastères et évêque de Vence, fut intronisé le 30 décembre 1714 ; il se préparait à ramener la liturgie de son diocèse à sa forme primitive quand il mourut, le 30 octobre 1720, âgé de 75 ans.

HENRI II Oswald *de la Tour-d'Auvergne*, nommé à l'archevêché de Tours en 1719, fut transféré à celui de Vienne le 9 janvier 1721 ; sacré le 10 mai 1722, il prit possession le 20 août suivant. Il tint, en avril 1730, un synode dans lequel il publia de nouveaux règlements ; promu au cardinalat en 1737, il se démit le 17 mars 1745 et mourut à Paris le 23 avril 1747, âgé de 77 ans.

CHRISTOPHE *de Beaumont du Repaire*, évêque de Bayonne, lui succéda et prit possession par procureur le 1er décembre 1745, puis en personne le 23 ; Louis XV l'appela à l'archevêché de Paris le 24 octobre 1746.

JEAN VI *d'Yse de Saléon*, évêque de Rhodez, fut transféré à Vienne la même année et prit possession le 8 février 1747 ; il publia plusieurs instructions pastorales contre les erreurs du temps et mourut le 10 février 1751.

GUILLAUME IV *d'Hugues*, évêque de Nevers, passa au siége de Vienne le 4 avril suivant et fit son entrée le 30 décembre ; il assista à l'assemblée du clergé de France de 1765 et mourut en 1774.

JEAN VII Georges *Le Franc de Pompignan*, évêque du Puy, lui succéda la même année ; il parut à l'assemblée du clergé l'année suivante, présida les états de Dauphiné en 1788 et fut député aux États-Généraux en janvier 1789 ; il se réunit au tiers-état, fut appelé au conseil par Louis XVI et nommé ministre de la feuille ; il se démit alors de son siége et reçut l'abbaye de Buzay ; il mourut le 29 décembre 1790.

CHARLES II François *d'Aviau du Bois-de-Sanzay*, vicaire général de Poitiers, nommé à la fin de 1789, fut sacré le 3 janvier 1790 et fit son entrée à Vienne le 1er mars. Son siége fut supprimé par l'Assemblée constituante le 8 juillet ; dénoncé pour sa protestation contre la constitution civile du clergé, il ne cessa d'être en butte aux tracasseries et aux insultes des patriotes ; il continua au milieu des dangers l'exercice de son zèle apostolique jusqu'au 15 août 1801, que Pie VII lui demanda sa démission. Il devint archevêque de Bordeaux le 7 avril 1802.

Jusqu'au milieu du IXe siècle, tous les évêques de Vienne, à l'exception de trois, portent le titre de saint ; au commencement du XIe, on en trouve un (Burchard) que la renommée a qualifié de bienheureux. Un grand nombre furent revêtus de la pourpre et l'un d'eux ceignit la tiare. Dès les premiers temps, même avant Lyon, l'église de Vienne jouit du titre de primatiale des Gaules : *Sancta metropolis Vienna maxima Galliarum.*

Vienne, imp. Savigné. — 1879.